[redacted]

Der Rechtschreibbegleiter 2

Texte richtig schreiben
in Vereinfachter Ausgangsschrift

Dieses Heft gehört:

____

Ernst Klett Verlag
Stuttgart · Leipzig

Das Abc

1. Schreibe das Abc in der richtigen Reihenfolge in die Raupe.

2. Verbinde die Buchstaben des kleinen Abc.

3. Schreibe das Abc in Großbuchstaben untereinander.
Ordne die Namen deiner Mitschüler zu.

Abc – Vorgänger und Nachfolger

1. Welcher Buchstabe kommt danach?
Trage die Buchstaben ein.

G	H
D	
T	
S	
D	

A	
Z	
B	
J	

H	
B	
G	

L	M
N	
Q	
F	
D	
M	

A	
Q	
Z	
T	

H	
B	
G	

2. Lies die Kästchen von oben nach unten. Sie ergeben zwei Sätze aus einem Märchen. Schreibe die Sätze auf.

H

M

3. Welcher Buchstabe kommt davor?
Trage die Buchstaben ein.

R														
S	v	n	q	f	m	t	u	j	m	a	d	i	f	o

4. Lies die Kästchen von links nach rechts. Sie ergeben eine Märchenfigur. Schreibe den Namen auf.

R

Ordnen nach dem Abc

1. Schreibe das Abc auf. Ordne die Märchenfiguren zu.

A – Aschenputtel

N

Nachschlagen

In der Wörterliste sind die Wörter nach dem Abc geordnet.

1. Finde die Wörter zu den Bildern in der Wörterliste.
Schreibe die Seite und das nachfolgende Wort dazu.

Wort	Seite	nächstes Wort
Giraffe	2	Gnu

2. Wo schlägst du nach?

		Wort	Seite	nächstes Wort
K oder C?		Clown		
F oder PF?				
W oder V?				

Leopard Nilpferd Papagei Nashorn Krokodil Wurm

- Finde die Wörter in der Wörterliste und schreibe sie auf. Schreibe die Seite und das nächste Wort dazu.
- Schreibe zu jedem Wort einen Satz.

Laute und Buchstaben

Laut

Buchstabe

Laute sprechen und hören wir. Buchstaben schreiben und sehen wir. Ein Laut kann aus mehreren Buchstaben bestehen.

1. Sprich die Wörter deutlich.
Stelle die Anzahl der Buchstaben und Laute fest.

		Buchstaben	Laute
	Maus	4	3
	Fliege	___	___
	Meise	___	___
	Eule	___	___
	Stern	___	___
	Schwein	___	___

2. Ergänze die fehlenden Buchstaben.
Kontrolliere mit Hilfe der Wörterliste.

 K m l

 G r ff

 H s

 ü en

 i

 e

 o

Silben und Wörter

1. Sprich und klatsche zu den Bildern. Zeichne die Silbenbögen.

Kamel

Schwein

Pinguin

Käfer

Krokodil

Eule

Papagei

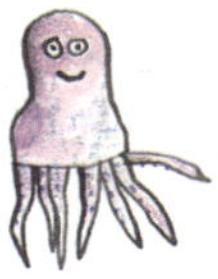
Tintenfisch

Eisbär

Wörter bestehen aus Silben.
Wörter mit zwei oder mehreren Silben können wir trennen.

2. Sprich und klatsche zu den Bildern.
Schreibe die Anzahl der Silben dazu.

3. Schreibe das Wort.

Ente
2

B

V

R

B

N

H

L

Selbstlaute

Das Abc besteht aus Selbstlauten und Mitlauten.
Die Selbstlaute heißen: a, e, i, o, u.
In jeder Silbe ist mindestens ein Selbstlaut.

1. Markiere alle Selbstlaute in den Wörtern gelb.

2. Zeichne die Silbenbögen.

 Wand

 Dose

 Nudel

 Suppe

 Puppe

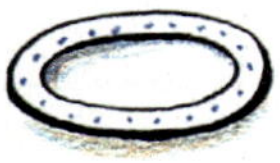 Teller

 Fisch

 Lampe

3. In der Hexenschule werden Selbstlaute verwandelt. So entstehen neue Wörter. Markiere alle verwandelten Selbstlaute gelb.

a  i

Wand – Wind 

Tante – ______ 

Salbe – ______ 

a  e

Dackel – ______ 

Nabel – ______ 

Halm – ______ 

a  u

Bach – ______ 

Hand – ______ 

Nadel – ______ 

a  o

Hase – ______ 

Hacke – ______ 

Rasen – ______ 

Mitlaute

1. Male alle Mitlaute blau und alle Selbstlaute gelb aus.

2. Wie heißt der Vogel? Setze die fehlenden Mitlaute ein.

	a		a		ei

3. Die Wörterschlange hat sechs Vogelnamen verschluckt.
Zeichne nach jedem Wort einen Strich. Schreibe sie auf.

Spatz

4. Unterstreiche alle Mitlaute blau.

Vogel Spatz Rabe Amsel Fink Star Meise

- Arbeite mit einem Partner zusammen.
  Diktiert euch abwechselnd die Wörter.
- Schreibe auf, was Vögel fressen.

Abschreiben

1. Lies den Text und finde eine Überschrift.

Igels machen sonntags früh
eine Segelbootpartie.
Und die Kleinen jauchzen froh,
denn das Boot, das schaukelt so.
„Fallt nicht raus“, ruft Mutter Igel,
„denn ihr habt doch keine Flügel.
Wenn ihr dann ins Wasser fallt,
hu, da ist es nass und kalt.“

Erich Weinert

2. Schreibe den Text ab.

Wortfamilie und Wortstamm

der Fahrer | verlieben | der Langschläfer | lieblich | schlafen | die Liebenden | fahrbereit | die Liebe | das Fahrrad | schläfrig | fahren | das Schlafzimmer

1. Unterstreiche alle Wörter der Familie fahr grün.

2. Unterstreiche alle Wörter der Familie lieb blau.

3. Unterstreiche alle Wörter der Familie schlaf gelb.

4. Schreibe die Wörter geordnet auf.

Wörter der Familie fahr :

Wörter der Familie lieb :

Wörter der Familie schlaf :

Wörter können miteinander verwandt sein. Sie gehören zu einer Wortfamilie und haben den gleichen Wortstamm:
Fahrer, fahren, fahrbereit.

5. Kreise rot ein, was in allen Wörtern einer Wortfamilie gleich oder ähnlich ist.

Verwandte Wörter

1. Kreise den Wortstamm rot ein.
Welche Wörter gehören zu einer Wortfamilie? Ordne zu.

2. Schreibe weitere Wörter aus der Wortfamilie dazu.

der Frühling

das Geschenk

das Rätsel

der Räuber

3. Kreise den Wortstamm rot ein, der gleich oder ähnlich ist.

4. Streiche das Wort durch, das nicht zu der Wortfamilie gehört.

5. Schreibe die Wörter auf. Schreibe weitere Wörter aus der Wortfamilie dazu.

Nomen/Substantive

1. Erzähle, was du auf dem Bild siehst.

Wörter für Personen, Dinge, Tiere und Pflanzen nennen wir Nomen/Substantive. Wir schreiben sie groß.

2. Ordne die Nomen/Substantive in die Tabelle ein.

3. Unterstreiche den großen Anfangsbuchstaben.

Personen	Dinge	Tiere	Pflanzen
Mädchen			

- Arbeite mit einem Partner zusammen.
  Diktiert euch abwechselnd die Wörter aus der Tabelle.

Die Artikel

1. Finde die Nomen/Substantive im Bild und nummeriere sie.

1. *der* Schwamm	2. ______ Pinsel	3. ______ Bild
4. ______ Kreide	5. ______ Heft	6. ______ Mülleimer
7. ______ Stuhl	8. ______ Tisch	9. ______ Regal
10. ______ Vase	11. ______ Tafel	12. ______ Buch

Artikel sind die Begleiter von Nomen/Substantiven.
Die bestimmten Artikel heißen: *der, die, das.*
Die unbestimmten Artikel heißen: *ein, eine.*

2. Schreibe den bestimmten Artikel in Aufgabe 1 davor.

ein Schwamm eine Vase ein Stuhl ein Mülleimer
ein Tisch ein Buch ein Regal ein Pinsel

- Arbeite mit einem Partner zusammen. Diktiert euch abwechselnd die Wörter.
- Finde in deinem Kinderzimmer Nomen/Substantive und schreibe sie mit Artikel auf.

Nomen/Substantive und Artikel

1. Erzähle, was im Stall geschieht.

2. Unterstreiche alle Nomen/Substantive im Text.

3. Setze den unbestimmten Artikel davor.

Eine Kuh und ______ Pferd fressen Heu.

______ Schwein frisst Rüben.

______ Hase knabbert ______ Möhre.

______ Huhn und ______ Hahn picken Körner.

______ Loch ist im Eimer.

______ Schubkarre steht im Stall.

______ Bauer füttert ______ Pony.

Einzahl und Mehrzahl

Die meisten Nomen/Substantive können in der Einzahl und in der Mehrzahl stehen.

1. Ergänze Einzahl oder Mehrzahl.

das Reh	die Rehe		
ein Reh	viele Rehe	ein Vogel	

			die Eulen
	viele Pilze		

	die Schnecken

der Wurm	

	viele Hirsche

2. Unterstreiche, was sich in der Mehrzahl verändert. Was fällt dir auf?

Die Umlaute

1. Schreibe Einzahl und Mehrzahl mit dem richtigen Artikel auf.

Einzahl		Mehrzahl
 der Kopf		die Köpfe 

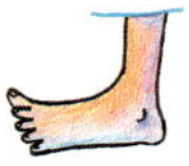		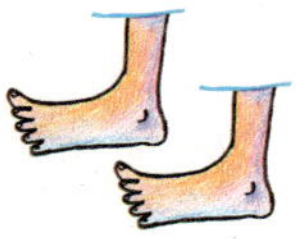

Aus den Selbstlauten a, u, o, au werden in der Mehrzahl oft die Umlaute ä, ü, ö, äu.

2. Unterstreiche den Umlaut und die Endung.

3. Schreibe die richtigen Nomen/Substantive auf. Was fällt dir auf?

Laura hat einen großen ____________ 

und viele kleine ____________. 

Der ____________ krabbelt über die Wiese 

und die ____________ fliegen durch die Luft. 

Das ____________ spielt Geige 

und die ____________ spielen Flöte. 

Manche Nomen/Substantive sind in der Einzahl und Mehrzahl gleich.

Die Zwielaute

1. Reime und setze die richtigen Wörter ein.

	*die Beute*		*die L*
	*das H*		*die M*
	*der K*		*das E*
	*die T*		*die B*

Zwielaute setzen sich aus zwei Selbstlauten zusammen:
au, eu, äu, ei.

2. Jemand hat unseren Clown klein gezaubert. Schreibe die Nomen/Substantive mit Artikel auf.

das Köpfchen, das

Durch das Anhängen von -chen oder -lein, können wir Nomen/Substantive für kleine Dinge bilden:
der Stuhl – das Stühlchen, der Mann – das Männlein.

3. Schreibe so:

Der Kopf wird ein Köpfchen.

Die Satzarten

Es gibt verschiedene Satzarten. Das erste Wort im Satz schreiben wir groß. Jeder Satz endet mit einem Satzschlusszeichen.

Der Aussagesatz .
Wir sagen etwas aus.
Fritz geht spazieren.

Der Fragesatz ?
Wir fragen etwas.
Wer möchte einen Apfel?

Der Ausrufesatz !
Wir rufen etwas aus.
Pass auf!

1. Lies die Sätze und setze die richtigen Satzschlusszeichen.

Morle, wo bist du

Hat sie sich hinter der Blume versteckt

Bist du unter dem Tisch
Nein, hier ist sie nicht

Da ist sie
Sie sitzt auf dem Schrank

Satzanfang und Satzschlusszeichen

1. Bilde Sätze und schreibe die Satzschlusszeichen.
Achte auf die Großschreibung am Satzanfang.

Aussagesätze

Ball Kinder spielen die

Hund in der Hütte der schläft

Fragesätze

mein wo Heft ist

Eis du möchtest ein

Ausrufesätze

meinen Ball gib mir

stehen bleib

Einen Text gliedern

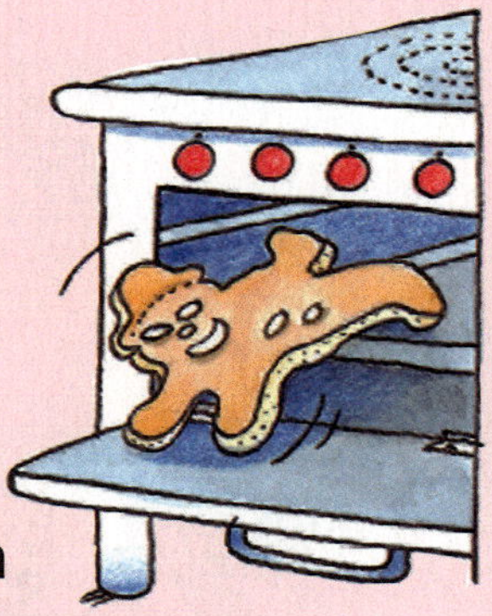

1. Lies den Text und setze die Satzschlusszeichen.

2. Finde eine Überschrift.

eine Oma bäckt einen Lebkuchen sie öffnet den Ofen und er läuft fort halt bleib stehen aber der Lebkuchen läuft die Straße hinunter da trifft er eine große Kuh sie will ihn fressen schnell rennt er weiter nun steht der Lebkuchen an einem Bach doch leider kann er nicht hinüber plötzlich taucht ein Fuchs auf

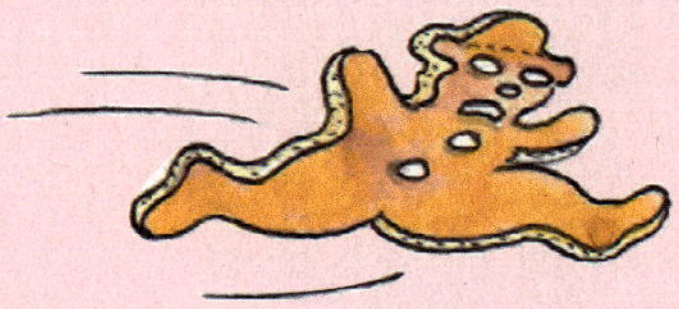

3. Schreibe die Geschichte richtig auf.

Eine

4. Schreibe die Geschichte weiter.

Verben

baden

schreiben

schaukeln

schlafen

tanzen

schwimmen

rechnen

reiten

lesen

1. Verbinde das Wort mit dem zugehörigen Bild.

2. Schreibe die Verben auf.

rechnen,

Wörter, die sagen, was wir tun oder was geschieht, nennen wir Verben: *Ich spiele. Es regnet.*

Wortstamm und Endung

1. Wer tut was im Haus? Schreibe Sätze, die zum Bild passen.

~~Nudeln kochen~~ — *Mama kocht Nudeln.*

Tisch decken

bellen

Tür öffnen

Turm bauen

Buch lesen

2. Kreise jeweils den Wortstamm des Verbs rot ein.
Unterstreiche die Endung.

Verben haben verschiedene Endungen: *koch<u>en</u>, ich koch<u>e</u>, du koch<u>st</u>*. Der Wortstamm bleibt gleich.

3. Was machst du zu Hause? Schreibe fünf Sätze.

Zu Hause mach<u>e</u> ich meine Hausaufgaben.

Grundform und Personalform

spielen malen üben

1. Setze die Verben in der passenden Personalform ein.

Du ____________________ heute mit Papa Rechnen.

Susa und Malte ____________________ nach der Schule zusammen.

Ich ____________________ meiner Mama ein Bild.

Wir ____________________ oft Fußball draußen.

Er ____________________ ganz fleißig für den Lesewettbewerb.

Verben enden in der Grundform meist auf -en: spielen.
Je nachdem, wer etwas tut, ändert sich die Endung: ich spiele, du spielst … Das ist die Personalform.

2. Ergänze die fehlenden Verbformen.

	spielen	malen	üben
ich	spiele	______	______
du	______	malst	______
er, sie , es	______	______	übt
wir	______	______	üben
ihr	______	malt	______
sie	spielen	______	______

3. Kreise den Wortstamm rot ein und unterstreiche die Endung.

Vorangestellte Wortbausteine

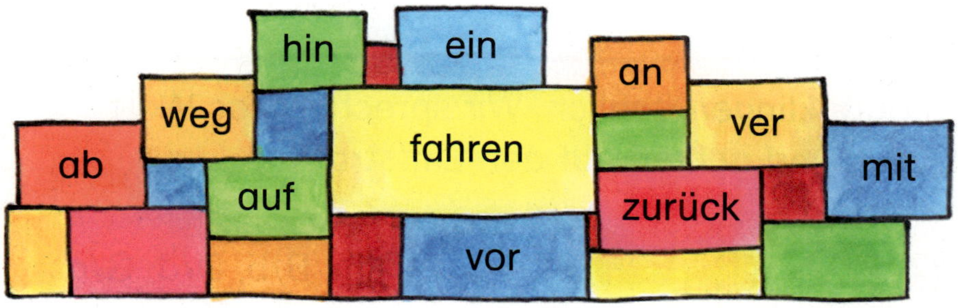

1. Setze Wortbaustein und Verb zusammen.

2. Setze die passenden Verben ein.

Der Zug soll um 12 Uhr *abfahren* ____.

Ohne Karte haben wir uns ____________.

Du kannst mit dem Bus ____________

und auch wieder ____________.

In den Ferien will die ganze Familie ____________.

Vielleicht kann ich bei Freunden im Auto ____________.

Meine neuen Rollschuhe werde ich zuerst einmal ____________.

Wörter können wir aus verschiedenen Wortbausteinen zusammensetzen. Dadurch ändert sich die Bedeutung:
weglaufen  , *auslaufen* .

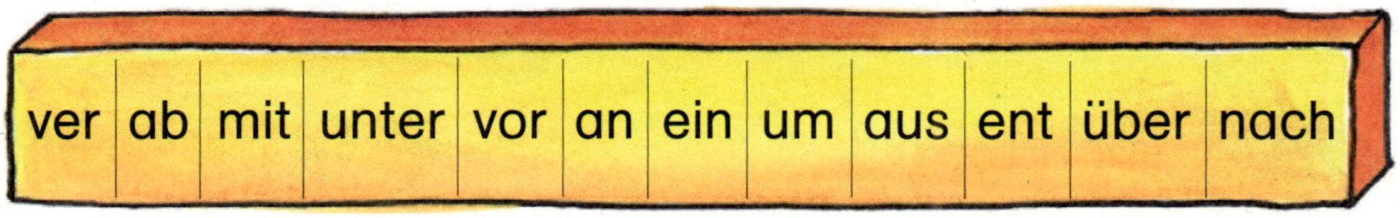

3. Welche Wortbausteine passen vor die Verben schreiben laufen ?

4. Bilde mit den Verben mindestens fünf Sätze. Schreibe so:
Ich schreibe den Text ab. Du …

B/b und P/p im Anlaut

Manche Laute klingen ähnlich. Wir sprechen das Wort ganz deutlich und achten auf den Luftstrom.

kein Luftstrom

Anlaut B/b, D/d, G/g

Luftstrom

Anlaut K/k, P/p, T/t

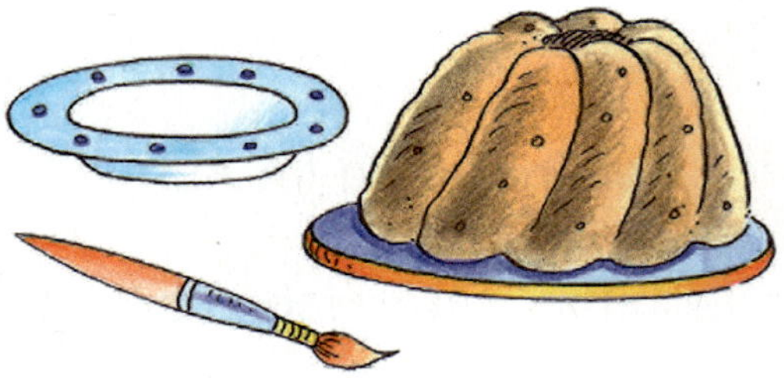

1. Sprich die Wörter ganz deutlich. Achte auf den Luftstrom.

2. b oder p ? Setze richtig ein.

____icken

____auen

____utzen

____ringen

____aden

____iepen

____rüten

____acken

3. Schreibe zu jedem Bild einen Satz.

G/g und K/k im Anlaut

1. Sprich die Wörter ganz deutlich. Achte auf den Luftstrom.

2. g oder k? Setze richtig ein.

Heute wollen wir Nudeln ___ochen. Zuerst ___ehen wir in den Supermarkt und ___aufen dort alles ein. Dann ___eben wir die Nudeln in einen Topf mit ___ochendem Wasser. Nach acht Minuten ___ießen wir das Wasser ab und ___ratzen die Nudeln aus dem Topf. Die Nudeln sind lecker und gut zu ___auen.

3. Welche Tiere erkennst du? Sprich die Wörter ganz deutlich. Achte auf den Luftstrom.

4. G oder K? Setze richtig ein.

Der Körper des Tieres gehört zu einem ___oldfisch. Der Kopf stammt von einem ___orilla und die Ohren von einem ___aninchen. Seine Höcker sind von einem ___amel und die Vorderbeine von einer ___ans. Die Hinterbeine gehören einem ___nu. Der Schwanz stammt von einem ___rokodil und das Euter ist von einer ___uh.

5. Finde je fünf weitere Wörter mit G / g oder K / k in der Wörterliste. Schreibe zu jedem Wort einen Satz.

D/d und T/t im Anlaut

1. Sprich die Wörter ganz deutlich. Achte auf den Luftstrom.

2. Schreibe die Wörter mit Artikel auf. Kontrolliere mit der Wörterliste.

Wörter mit D	Wörter mit T

3. Sprich die Wörter ganz deutlich. Achte auf den Luftstrom.

4. d oder t ? Setze richtig ein. Kontrolliere mit der Wörterliste.

____anken

____uften

____anken

____enken

____anzen

____auchen

5. Schreibe zu jedem Verb einen Satz.

Sp/sp und St/st

1. Unterstreiche die Wörter mit St/st blau.
Unterstreiche die Wörter mit Sp/sp grün.

Auf dem Spielplatz
Mit vielen spannenden Spielgeräten ist unser Spielplatz der beste in der Stadt. Er liegt in einer ruhigen Straße. Auf einer Wackelbrücke kann man springen oder stehen. Ein Steg führt über einen kleinen Teich. Von dort aus werfen wir gerne Steine in das Wasser, damit es richtig spritzt.

2. Schreibe die Wörter in die Tabelle.

Wir hören scht, aber wir schreiben St/st.
Wir hören schp, aber wir schreiben Sp/sp.

Sp / sp	St / st

fahren putzen rechnen danken
spielen bringen kochen gießen tanken

- Finde die Wörter in der Wörterliste und schreibe sie auf. Schreibe die Seite und das nächste Wort dazu. Schreibe zu jedem Wort einen Satz.
- Arbeite mit einem Partner zusammen. Diktiert euch abwechselnd die Wörter.

Stichpunkte zu Bildern finden

1. Schaue dir die Bildergeschichte genau an.

2. Finde zu jedem Bild passende Wörter.
Schreibe sie als Stichpunkte unter die Bilder.

3. Besprich deine Stichpunkte mit einem Partner.

4. Schreibe die Geschichte mit Hilfe der Bilder und deiner Stichpunkte auf. Finde eine passende Überschrift.

Personen beschreiben

1. Wie kann die Prinzessin sein? Wie kann der Riese sein?

2. Unterstreiche die Wörter für die Prinzessin grün und die Wörter für den Riesen blau.

3. Schreibe sie in die Tabelle.

riesig schüchtern grimmig
lieblich böse
freundlich unheimlich zart
grob jung klein hässlich
schön
gefährlich wild anmutig

Wörter, die sagen, wie etwas ist, nennen wir Adjektive.

Adjektive

1. Setze die passenden Adjektive ein.

weise · gut · golden · giftig · listig · hässlich · winzig · mutig · tapfer · prächtig · lang · treu

Die *gute* ________ Fee hilft dem Mädchen.

Das ________ Entlein wird zum Schwan.

Die ________ Kugel fällt in den [illegible]

Das ________ Haar hän[illegible]n.

Der ________ König [illegible] Tochter einen Rat.

Der ________ Apfel schmeckt nicht.

Die ________ Erbse stört die Prinzessin.

Der ________ Fuchs schleicht sich an.

Das ________ Schneiderlein fängt sieben auf einen Streich.

Das ________ Schloss hat viele Türme.

Der ________ Prinz rettet die Prinzessin.

Der ________ Diener begleitet seinen Herrn.

2. Unterstreiche, was sich am Adjektiv verändert.

Die *gut<u>e</u>* Fee hilft dem Mädchen.

> Adjektive verändern ihre Endung, wenn sie vor einem Nomen/Substantiv stehen.

Wortpaare

1. Wie soll deine Geschichte werden?
Setze immer ein Adjektiv der Gegensatzpaare ein. Schreibe so:

Der langweilige Spaziergang	langweilig/spannend
An einem besonders ________ Tag	schön/schlecht
ging ein wirklich ________ Junge	schüchtern/mutig
mit seinem ________ Hund	gehorsam/ungehorsam
spazieren. Im ________ Wald lief	dunkel/licht
der Hund hinter einem ________	klein/groß
Hasen her. Der Junge pfiff und winkte mit der	
________ Leine. Der Hund kam	lang/kurz
zurück, aber sein ________ Fell	wuschelig/glatt
war dreckig geworden. Schnell machten sich	
beide auf den ________ Weg	anstrengend/leicht
zurück nach Hause.	

2. Verändere deine Geschichte, indem du die übrigen Adjektive einsetzt. Schreibe die neue Geschichte auf.

3. Finde die Wortpaare.

kalt dünn schmutzig stark tief fleißig

dick – ________	heiß – ________
schwach – ________	hoch – ________
faul – ________	sauber – ________

Nachgestellte Wortbausteine -heit und -keit

Durch Anhängen der Wortbausteine -heit und -keit werden viele Adjektive zu Nomen/Substantiven.

1. -heit oder -keit welcher Wortbaustein passt? Verbinde die passenden Puzzleteile.

frech höflich -heit krank ehrlich

schön -keit frei

faul aufmerksam übel einsam

2. Schreibe die Nomen/Substantive mit Artikel auf.

Nomen/Substantive mit -heit	Nomen/Substantive mit -keit

fröhlich dumm freundlich gesund berühmt dunkel traurig

3. Bilde mit Hilfe der Wortbausteine -heit und -keit aus den Adjektiven Nomen/Substantive. Schreibe sie mit Artikel auf.

Zusammengesetzte Nomen/Substantive

1. Setze zwei Nomen/Substantive zu einem zusammen.

Garten Kinder Bett Zimmer Arzt

die Kinder, der Garten – der Kindergarten

Zwei Nomen/Substantive können wir zu einem Nomen/Substantiv zusammensetzen:
der Sommer, die Ferien – die Sommerferien.
Zusammengesetzte Nomen/Substantive verkürzen oftmals längere Ausdrücke.

2. Findest du es heraus? Verbinde die Frage mit dem passenden Bild.

Welcher Wurm liest gerne Bücher?

Welcher Schuh verlässt nie das Haus?

Welchen Hut trägt man nie auf dem Kopf?

Welchen Nagel haut man nicht in die Wand?

Welches Haus ist nicht von Menschen bewohnbar?

Welche Milch kann man nicht trinken?

3. Schreibe die zusammengesetzten Nomen/Substantive mit Artikel auf.

d oder t am Wortende

> Durch Verlängerung eines Wortes können wir deutlich hören, wie es am Ende geschrieben wird:
> *das Kind – die Kinder, kalt – der kalte Schnee.*

1. d oder t am Wortende? Bilde zuerst die Mehrzahl.
Setze dann d oder t ein.

 das Kin___  die Kin___er

 der Hun___ die Hun___e 

 das Bro___  die Bro___e

 das Lan___ die Län___er 

 der Elefan___  die Elefan___en

 das Pfer___ die Pfer___e 

 das Zel___ 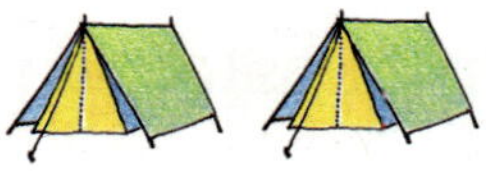 die Zel___e

 die Han___ die Hän___e 

2. Verlängere das Wort. Setze dann d oder t ein.

Der Schnee ist kal___. der kal___e Schnee

Die Münze ist run___. die run___e Münze

Milch ist gesun___. die gesun___e Milch

Die Sprache ist mir frem___. die frem___e Sprache

Die Frau ist al___. die al___e Frau

3. Finde weitere Wörter mit d oder t am Wortende.
Bilde mindestens fünf Sätze.

b oder p am Wortende

1. Bilde zuerst die Mehrzahl. Setze dann b oder p ein. Kontrolliere mit der Wörterliste.

	der Die___		die Die___e
	das Mikrosko___		die Mikrosko___e
	das Sie___		die Sie___e
	der Kor___		die Kör___e
	der Sta___		die Stä___e
	das Kal___		die Käl___er

2. Verlängere das Wort. Setze dann b oder p ein.
Kontrolliere mit der Wörterliste.

	Die Banane ist gel___.	die gel___e Banane
	Der Riese ist gro___.	der gro___e Riese
	Das Wetter ist trü___.	das trü___e Wetter
	Meine Mami ist lie___.	die lie___e Mami
	An Land wirkt der Pinguin plum___.	der plum___e Pinguin

3. Bilde mit Wörtern aus Aufgabe 1 mindestens fünf Sätze.

g oder k am Wortende

1. Setze g oder k ein. Bilde die Einzahl.

Mehrzahl	Einzahl	
die We___e	ein Weg	
die Geschen___e		
die Köni___e		
die Ber___e		
die Zü___e		
die Zwer___e		
die Fabri___en		
die Flugzeu___e		

2. Finde das Gegenteil. Verlängere das Wort. Setze dann g oder k ein.

Wort	Gegenteil	Verlängerung
dumm	– ___	die kluge Schülerin
schwach	– ___	der ___ Mann
falsch	– ___	der ___ Weg
faul	– ___	die ___ Biene

3. Finde weitere Wörter mit g oder k am Wortende.
Bilde mindestens fünf Sätze.

ng und nk

1. Verlängere erst das Wort. Setze dann -ng oder -nk ein.

kra?	das kranke Kind		krank
schla?	die schla_____ Frau		
stre?	der _____ Lehrer		
la?	der _____ Weg		
e?	die _____ Durchfahrt		
fli?	die _____ Spinne		
ju?	das _____ Mädchen		
bla?	der _____ Spiegel		

lang freundlich mutig das Pferd
krank der Korb das Sieb der Hund

- Finde die Wörter in der Wörterliste und schreibe sie auf. Schreibe die Seite und das nächste Wort dazu. Schreibe zu jedem Wort einen Satz.
- Arbeite mit einem Partner zusammen. Diktiert euch abwechselnd die Wörter.
- Finde je ein verwandtes Wort zu den Übungswörtern.

Eine Einladung schreiben

1. Wann? Wo? Was? Trage die fehlenden Angaben in die Einladung ein.

unserem Klassenraum

16.00 Uhr

Donnerstag, den 26. Februar,

unserem Klassenfest

Liebe Eltern der Klasse 2b,

wir laden alle ganz herzlich zu ______________________________

ein. Es findet am ______________________________

um __________________ in ______________________________

statt. Wir haben uns ein buntes Programm mit vielen lustigen

Beiträgen ausgedacht. Wir freuen uns auf euch!

Viele Grüße
Eure Klasse 2b

2. Schreibe die Einladung. Die Satzteile helfen dir.

Eure Klasse 2a

Es findet um 14:00 Uhr auf dem Schulhof statt.

Für Speisen und Getränke ist gesorgt.

Viele Grüße

Wir laden euch herzlich zu unserem Schulfest am 10. Juni ein.

3. Schreibe eine Geburtstagseinladung. Gestalte sie mit einem Bild oder einem Schmuckrand.

Kurze und lange Selbstlaute

1. Sprich dir die Wörter vor. Wird der Selbstlaut lang oder kurz gesprochen?

 die Butter	 die Blume	 der Regen	 der Teller
 die Krone	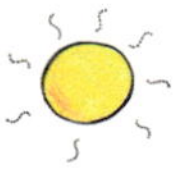 die Sonne	 das Kissen	 der Tiger
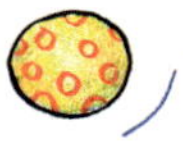 der Ball	 die Nase	 der Wal	 der Hammer

Den betonten Selbstlaut in einem Wort sprechen wir lang oder kurz: *die Hüte*  – *die Hütte* .

2. Zeichne in Aufgabe 1 einen Strich unter einen lang gesprochenen Selbstlaut und einen Punkt unter einen kurz gesprochenen Selbstlaut.

3. Schreibe so:

—	·
	die Butter

4. Setze die fehlenden Selbstlaute a, e, i, o, u ein.

 die K__ste	 der B__gger	 der S__lat	 die H__se
 die T__fel	 die S__ppe	 der H__t	 die P__st
 der S__ck	 die Sch__re	 der K__pf	 der Fl__ss

5. Zeichne einen Strich unter den lang gesprochenen Selbstlaut und einen Punkt unter den kurz gesprochenen Selbstlaut.

Doppelte Mitlaute

Bett Kralle Lamm Hammer Tanne

Puppe Falle Suppe Teller

Brett Schwamm Kammer

Keller Butter Mutter Wanne

1. Sprich die Wörter. Zeichne einen Strich unter den lang gesprochenen Selbstlaut und einen Punkt unter den kurz gesprochenen Selbstlaut.

2. Schreibe die Reimwörter zusammen. Das Bild verrät dir die richtige Stelle.

Bett

Nach einem kurz gesprochenen Selbstlaut folgen mindestens zwei Mitlaute. Hören wir nur einen Mitlaut, wird er verdoppelt.

3. Markiere in den Wörtern den kurzen Selbstlaut mit dem Punkt und die folgenden Mitlaute blau.

ll, mm, pp, tt, ss, nn

1. Setze die passenden doppelten Mitlaute ein.

1. Ke_____e	2. So_____e	3. Se_____el	4. Hi_____el
5. Ta_____e	6. Ba_____	7. Kli_____e	8. Mu_____er
9. Schwi_____er	10. Schi_____e	11. Ka_____e	12. We_____e

2. Schreibe die Wörter mit Artikel auf.

Wörter mit ll:

Wörter mit mm:

Wörter mit ss:

Wörter mit nn:

Wörter mit pp:

Wörter mit tt:

tz

1. Unterstreiche im Text alle Wörter mit tz. Schreibe sie auf.

Gar nicht witzig

Eine kleine Katze wetzt ihre Krallen an einem dicken Ast. Da kommt ein Junge mit einer schwarzen Mütze und einem großen Ballon vorbei. Er setzt sich in den Schmutz und beobachtet wie das Kätzchen kratzt. Schließlich sagt der Junge: „Du hast aber schöne Tatzen und so spitze Krallen.“ Da blitzen die Augen der Katze auf. Sie macht einen Satz und schlitzt den Ballon auf. Der Ballon platzt mit einem lauten Knall. Der Junge schluchzt. Die Katze aber putzt sich ihr Fell und schnurrt.

2. Überprüfe, ob die Selbstlaute in den Wörtern kurz oder lang gesprochen werden. Zeichne einen Punkt oder Strich unter den Selbstlaut.

> Nach einem kurz gesprochenen Selbstlaut schreiben wir nicht zz, sondern tz.

3. Wird der Selbstlaut lang oder kurz gesprochen? Zeichne einen Strich oder einen Punkt darunter.

4. Setze z oder tz ein.

 der Pla_____

 der Kindersi_____

 die Hei_____ung

 der Schli_____

 die Matra_____e

 der Bli_____

 das Kreu_____

 das Ne_____

ck

1. Wird der Selbstlaut lang oder kurz gesprochen?
Zeichne einen Strich oder einen Punkt unter den Selbstlaut.

der Sto____ 

die Brü____e 

das Bettla____en 

die Ja____e 

der Ha____en 

die Lu____e 

die So____e 

die Glo____e 

die E____e 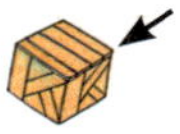

der Sa____ 

die Kra____e 

der Fle____ 

der Ro____ 

der Zu____er 

Nach einem kurz gesprochenen Selbstlaut schreiben wir nicht kk, sondern ck.

2. Setze k oder ck ein.

die Welle

die Sonne　der Platz　das Bett

der Zucker　die Puppe　die Klasse　die Mütze

- Finde die Wörter in der Wörterliste und schreibe sie auf. Schreibe die Seite und das nächste Wort dazu. Schreibe zu jedem Wort einen Satz.
- Arbeite mit einem Partner zusammen. Diktiert euch abwechselnd die Wörter.
- Finde je ein verwandtes Wort.

Wörter mit aa, ee, oo

In manchen Wörtern schreiben wir doppelte Selbstlaute:
aa, ee, oo. Wir sprechen sie lang.
Diese Wörter müssen wir uns besonders merken.

1. Setze die Wörter in das Kreuzworträtsel ein: Aal, Boot, Haar, Kaffee, Paar, Schnee, See, Zoo.

2. Male die Felder mit den doppelten Selbstlauten gelb aus.

3. Setze die Wörter aus dem See richtig ein. Unterstreiche die Wörter mit doppeltem Selbstlaut.

4. Verbinde Bild und Satz.

Der duftende ________________.

Der ________________ fällt zur Erde.

Im ________________ gibt es viele Tiere.

Der ________________ ist zu gefroren.

Das ________________ fährt über den See.

- Finde die Wörter aus Aufgabe 1 in der Wörterliste und schreibe sie auf. Schreibe die Seite und das nächste Wort dazu. Schreibe zu jedem Wort einen Satz.

Ein Akrostichon erstellen

1. Lies die Geschichte durch.

Unheimlich

Tief im verwunschenen Wald stand ein uraltes, einsames Schloss. Dort lebten ein berühmter Zauberer und sein angriffslustiger, x-beiniger Kater. Jede Nacht um Mitternacht, wenn die Winde eigenartig um das Schloss pfiffen, mixte er einen giftgrünen Trank und lachte irre. Eines Nachts tobte ein tosendes Gewitter und die elenden Schreie des Zauberers hallten bis weit in die Welt hinein. Seit dieser Nacht meiden sogar die schwarzen Raben die Türme des uralten Schlosses.

2. Überlege, welche Wörter die Geschichte unheimlich oder spannend machen. Unterstreiche die Wörter.

3. Ordne jedem Buchstaben des untereinander geschriebenen Wortes ein spannendes oder unheimliches Wort zu.

V erwunschen ______

A ngriffslustig ______

M ______

P ______

I ______

R ______

H ______

E ______

X ______

E ______

Wenn wir Wörter zu einem Thema so anordnen, entsteht ein Gedicht. Dieses Gedicht heißt Akrostichon.

4. Finde weitere Wörter, die eine Geschichte unheimlich oder spannend machen, und bilde ein eigenes Akrostichon.

Wörter mit eu und äu

1. Hole die Reimwörter aus dem Hexenkessel heraus und ordne sie dem Reim zu.

2. Unterstreiche eu grün und äu gelb.

Heute machen wir ein *Feuer* ____________.

Es kostet wenig und ist nicht ____________.

Meine Hose, die ist ____________.

Pferde fressen gerne ____________.

Mein Hund der hat oft ____________.

Im Keller wohnen die ____________.

Wir unterscheiden die Zwielaute eu und äu. Sie klingen gleich. Wir schreiben Wörter mit äu, wenn es ein verwandtes Wort mit au gibt: *läuten – der Laut, aber: die Leute.*

3. Setze die richtigen Wörter ein. Überlege, ob du das Wort mit eu oder äu schreibst.

4. Unterstreiche eu grün und äu gelb.

Die  ____________ begrenzen den Garten.

Die  ____________ am Kopf tut sehr weh.

Die  ____________ fängt nachts  ____________.

Der  ____________ klaut der Oma die Pfannkuchen.

Wörter mit au, ei und ie

1. Suche für jedes Wort die passende Zeile im au -Baum und im ei -Kleid.

Auge Leine Bein Eimer Auto Schaufel Zaun Zeitung

2. Reime mit den Wörtern. Das Bild hilft dir, ein Reimpaar zu finden.

Dieb lieb Riese schief tief Wiese

Unter dem Baum, da liegt ein *Riese* ________,

viele Käfer krabbeln auf der ________.

Das Meer, das ist sehr ________,

dieser Baum, der wächst ganz ________.

Räuber sind nicht ________,

wenn man klaut, ist man ein ________.

3. Unterstreiche jeweils den Zwielaut ie .

das Feuer der Dieb der Zaun

die Schaufel der Rauch die Leine das Bein

- Arbeite mit einem Partner zusammen. Diktiert euch abwechselnd die Wörter.
- Finde je ein verwandtes Wort.

h vor l, m, n und r

1. Ergänze in jedem Satz das richtige Wort.

Jahr   Bahnhof   fehlen   fahren   zählt   ohne   nehmen   Bahn

Wir *fahren* ______ zur Klassenfahrt.

Unsere Klasse reist in diesem ______ mit der ______.

Wir treffen uns am ______. Frau Sauer ______ nach,

ob Kinder ______. Alle ______ ihre Koffer und steigen

______ zu drängeln ein.

2. Unterstreiche den lang gesprochenen Selbstlaut mit dem h.

Nach einem lang gesprochenen Selbst- oder Umlaut und nur vor den Mitlauten l, m, n oder r schreiben wir ein h: *Stuhl, Lehm, Sohn, Fahrrad.*

3. Entscheide, ob du ein h schreiben musst.
Schreibe die richtigen Wörter zu den Bildern.

Bild ansehen	langer Selbstlaut? ja	langer Selbstlaut? nein	l, m, n, r nach Selbstlaut? ja	l, m, n, r nach Selbstlaut? nein	Schreibe!
 Hu__n	☒	☐	☒	☐	*Huhn*
 Na__gel	☐	☐	☐	☐	______
 Le__rer	☐	☐	☐	☐	______
 Mü__le	☐	☐	☐	☐	______

Wörter mit ss oder ß

1. Sprich die Wörter zu den Bildern und achte auf die Selbstlaute.
Wird der Selbstlaut lang oder kurz gesprochen?
Zeichne einen Strich oder einen Punkt darunter.

 Rü__ss__el  Flo____  Ta____e

 Stra____e  Flu____  Fu____

Nach einem kurz gesprochenen Selbstlaut schreiben wir ss:
messen, Schloss, Riss.
Nach einem lang gesprochenen Selbstlaut schreiben wir ß:
Maß, süß.

2. Ergänze in den Wörtern in Aufgabe 1 ss oder ß.

3. Setze die fehlenden Wörter in die Wortgruppen ein.

Aus der Quelle wird ein F__________. 

Aus dem Gewehr, da kommt ein Sch__________. 

Der Regen fällt vom Himmel und macht die Erde n__________. 

Die Liebe ist etwas Schönes, viel besser als der H__________. 

Der Tee, der ist sehr h__________. 

Ich bin traurig, wenn ich etwas nicht w__________. 

die Straße — die Tasse — der Schlüssel — süß
die Schüssel — das Floß — grüßen — groß

- Arbeite mit einem Partner zusammen. Diktiert euch abwechselnd die Wörter.
- Finde je ein verwandtes Wort.

Texte überarbeiten

Wenn wir einen guten Text schreiben wollen, müssen wir Folgendes beachten:

- Wir finden eine Überschrift, die neugierig macht.
- Wir achten auf unterschiedliche Satzanfänge.
- Wir überprüfen die Rechtschreibung mit Hilfe der Wörterliste.

1. Lies den Text und setze eine passende Überschrift ein.

Abra-Kadabra   Der Zauberer   Eine tolle Geburtstagsfeier

____

zaubert   Er

Fritz ~~zaupert~~ heute auf Maries Geburtstag. ~~Fritz~~ legt ein goldenes Tuch auf

den Tisch. Fritz lässt Marie unter das Tuch fassen.

Marie holt eine silberne Kukel hervor.

Fritz nimmt sie in die Hand und spricht einen Zauberspruch.

Fritz öffnet die Hand. Die Kukel ist wek.

2. Suche abwechslungsreiche Satzanfänge und schreibe sie in die Zeile darüber.

Anschließend …   Zuerst …   Plötzlich …   Zum Schluss …

Er …   Danach …   Zuletzt …   Nun …

3. Finde die falsch geschriebenen Wörter. Korrigiere sie mit Hilfe der Wörterliste.

4. Schreibe den überarbeiteten Text ab.

Wörter trennen

1. Sprich und klatsche zu den Bildern. Streiche die Silben weg.
Schreibe das Wort.

~~Bie~~	gei	ko	Kro	ne	wurm
Wal	Re	~~ne~~	Pa	dil	gen
Eich	pa	hörn	chen	Au	wa
Last	to	gen			

 Biene

Mehrsilbige Wörter können wir nach Silben trennen.
Diese Silben trennen wir mit einem Trennungsstrich.

2. Schreibe die Wörter mit dem Trennungsstrich.

Biene Bie-ne

Papagei

Regenwurm

Eichhörnchen

Besonderheiten bei der Trennung

Bei mehreren aufeinander folgenden Mitlauten kommt der letzte Mitlaut zur nächsten Silbe. Diese Buchstabengruppen werden auch getrennt: ng, nk, tz, pf, sp, dt, st.

1. Trenne die folgenden Wörter.

2. Unterstreiche den ersten Mitlaut der nächsten Silbe.

 Koffer: Kof-fer

 Apfel: ______

 Kasper: ______

 Schinken: ______

 Städte: ______

 Schlinge: ______

 Katze: ______

 Hamster: ______

Diese Buchstabengruppen werden nicht getrennt:
sch, ch, ck, ph, th
Diese Buchstabengruppen kommen zur nächsten Silbe:
Ku-chen.

3. Trenne die folgenden Wörter. Unterstreiche die Buchstabengruppen sch, ch, ck, ph, th.

Rutsche 

______

Kirche 

______

Bäcker 

______

Alphabet 

______

Hecke 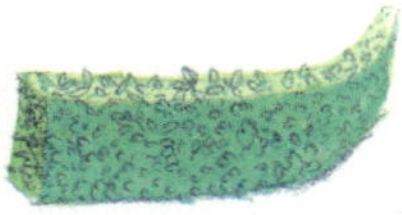

______

Apotheke 

______

Eine Geschichte zum Bild schreiben

1. Schau dir das Bild genau an und lies den Anfang der Geschichte. Schreibe die Geschichte zu Ende.

Ich bin Seeräuber ______________________________
Seit Monaten segle ich mit meiner Mannschaft über das Meer. Unsere Vorräte werden knapp und meine Mannschaft wird langsam ungeduldig. Plötzlich sehe ich in der Ferne eine einsame Insel. Als wir näher herankommen, erblicke ich auf einmal eigenartige Wesen. Irgendetwas scheint hier nicht zu stimmen!

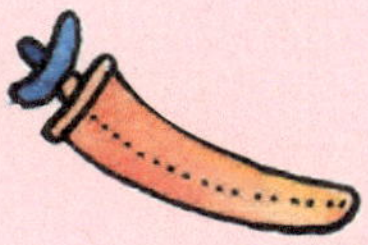

Das kann ich: Nachschlagen

1. Schlage in der Wörterliste nach und finde heraus, wie die Wörter richtig geschrieben werden.

	Seite	Wort
Fase Wase Vase		
Reuber Räuber Räuhber		
Schpinne Spine Spinne		

2. Finde die Wörter in der Wörterliste. Schreibe sie richtig auf.

3. Schreibe die Seite dazu.

		Seite

Das konnte ich ... ☺ 😐 ☹

Das kann ich: Wortstamm/Einzahl und Mehrzahl

1. Schreibe die Nomen/Substantive in Einzahl und Mehrzahl.

das Bild | die Katze | das Kind | der Anspitzer | der Stift | der Schlüssel | der Junge | das Mädchen | das Auto

das Bild – die Bilder,

2. Schreibe die Nomen/Substantive in der Mehrzahl auf.

 ein Glas  viele Gläser

 ein Wurm  viele ____________

 eine Laus 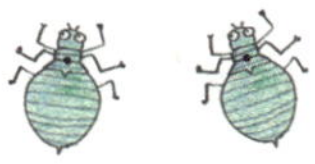 viele ____________

 ein Topf  viele ____________

 ein Traum  viele ____________

3. Kreise jeweils den Wortstamm rot ein.

Das konnte ich … ☺ 😐 ☹

Das kann ich: Wortstamm und Wortfamilien

die Farbe · malerisch · spitz · sie kauft · verkauft · der Anspitzer · der Maler · das Kaufhaus · anspitzen · gefärbt · er malte

1. Findest du vier Wortfamilien?
Schreibe die Wörter nach ihrer Wortfamilie geordnet auf.

2. Schreibe zu jeder Wortfamilie ein weiteres Wort.

3. Kreise den Wortstamm rot ein, der in der Wortfamilie gleich oder ähnlich ist.

die Hilfe	regnerisch	faulen	verbaut
hoffen	der Regen	faul	der Bau
hilfsbereit	regnen	fies	der Kran
sie hilft	der Gummistiefel	der Faulpelz	die Baustelle

4. Streiche das Wort durch, das nicht zu der Wortfamilie passt.

Das konnte ich ... ☺ 😐 ☹

Das kann ich: Wortstamm und Wortbausteine

an ab vor **sprechen** ver mit aus

1. Setze den Wortbaustein und das Verb zusammen.

2. Setze die passenden Verben aus Aufgabe 1 ein.

Wir werden uns nicht mehr streiten, das kann ich dir fest ____________.

Das gelernte Gedicht werde ich heute der Lehrerin ____________.

Nach unserem Streit möchte ich mich mit dir ____________.

klug wahr flüssig herzlich weise stur

3. Setze die Adjektive mit dem Wortbaustein -heit oder -keit zusammen.

4. Schreibe die entstandenen Nomen/Substantive mit Artikel auf.
Achte auf die Großschreibung.

Das konnte ich ... ☺ 😐 ☹

Das kann ich: Kurz gesprochene Selbstlaute

1. Sprich dir die Wörter vor. Setze einen Punkt unter den kurz gesprochenen Selbstlaut.

Kanne

Pinsel

Tafel

Schloss

Hupe

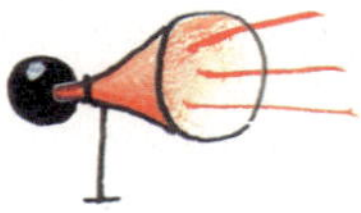

Ball

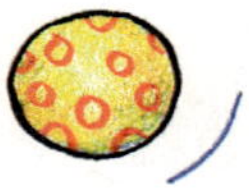

2. Schreibe die Wörter mit kurz gesprochenem Selbstlaut auf.

____

3. Schreibe die Reimwörter auf.
Unterstreiche den doppelten Mitlaut, tz und ck.

fett	Nuss	Brücke	Katze
n________	K________	M________	T________

4. Setze die richtigen Mitlaute ein.

m oder mm ?

Ka______ 

La______pe 

La______ 

l oder ll ?

Te______er 

Ma______er 

Fü______er 

p oder pp ?

Pu______e 

Su______e 

Lu______e 

Das konnte ich … ☺ 😐 ☹

Das kann ich: Lang gesprochene Selbstlaute

1. Setze die fehlenden Reimwörter ein.

2. Zeichne einen Strich unter den lang gesprochenen Selbstlaut.

der Brief	der Fuß 	die Mücke
sie r________	das M________	die L________
er schl________ 	der Gr________ 	die Br________ 
der Klee 	die Hose 	wir fragen
der Schn________	die D________	wir s________
der S________ 	die R________ 	wir tr________ 

3. Finde die Fahrzeuge und schreibe sie auf.

F	A	B	O	O	T	S
A	R	G	K	Ö	Ü	Z
F	A	H	R	R	A	D
Ö	K	C	R	J	A	H
R	Ö	H	Ä	K	H	Ü
S	C	H	I	F	F	H
D	Ü	B	A	H	N	L
H	H	F	Ä	S	J	K

4. Zeichne einen Strich unter den lang gesprochenen Selbstlaut.

Das konnte ich ... ☺ 😐 ☹

Strategiekarte Wortfamilie und Wortstamm

Wörter können miteinander verwandt sein. Sie gehören zu einer Wortfamilie und haben den gleichen Wortstamm:

Wenn wir nicht genau wissen, wie ein Wort geschrieben wird, hilft es, ein verwandtes Wort zu finden:

Das Wort ist verwandt mit *rauben*, also wird es *Räuber* geschrieben.

Das Wort ist verwandt mit *leben*, also wird es mit *b* geschrieben.

Strategiekarte Verlängern

Manchmal klingen Laute am Ende eines Wortes sehr ähnlich. Dann wissen wir beim Aufschreiben des Wortes nicht, welcher Buchstabe richtig ist:

Wenn wir das Wort verlängern, können wir deutlich hören, wie es am Ende geschrieben wird: *viele Hunde,* also: *der Hund.*

Der runde Ball, also: *rund.*

der Schnupfen
die Schüssel
der Schwamm
der Schwim-
mer
der See
der Sessel
das Sieb
der Sommer
die Sonne
der Spatz
spielen
spielerisch
der Spielplatz
die Spinne
die Stadt
die Städte
der Star
stellen
die Straße
die Suppe
süß

T t 

die Tafel
tanken
die Tanne

tanzen
die Tasse
die Tatze
tauchen
der Tee
das Telefon
der Teller
der Tiger
die Tinte
der Tisch
das Tor
der Traum
trinken
trüb

U u 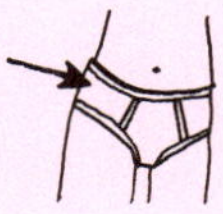

üben

V v 

die Vase
verschwin-
den

W w 

die Waben
der Wagen
wahr

die Wahrheit
der Wald
die Wand
die Wanne
das Wasser
die Watte
weg
der Weg
weise
die Weisheit
weiß
die Welle
werden
das Wetter
wetzen
die Wiese
wild
der Wind
winzig
wo
wohnen
der Wolf
wollen
wundern
der Wurm
die Würmer
wuschelig

Z z 

der Zahn
zart
zaubern
der Zaun
die Zäune
der Zehnagel
die Zeitung
das Zelt
das Zimmer
der Zoo
zu
der Zucker
der Zug
der Zwerg

der Koch
kochen
der Koffer
die Kohlmeise
der Kopf
der Korb
die Körner
kosten
die Kralle
krank
kratzen
kraxeln
die Kreide
der Kreis
kriechen
das Krokodil
die Kugel
die Kuh
das Küken

L l

das Lächeln
lachen
das Lamm
die Lampe
lang
lassen
laufen
der Läufer
leer
legen
die Leine
der Leopard
die Leute
das Licht
lieb
die Liebe
lieben
die Lippe
loben
lutschen

M m

das Mädchen
der Mai
der Maikäfer
die Matratze
die Maus
die Meise
der Mensch
das Mikroskop
die Milch
die Möhre
morgen
der Mund
müssen
mutig
die Mutter
die Mütze

N n

die Nacht
die Nadel
der Nagel
naschen
die Nase
das Nashorn
der Nebel
nehmen
das Nilpferd

P p

das Paar
packen
der Papagei
das Pferd
picken
piepen
der Platz
plump
die Puppe
putzen

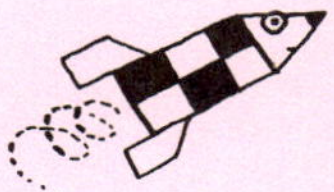

R r

raten
das Rätsel
rauben
der Räuber
der Rauch
rechnen
richtig
die Rose
die Rutsche

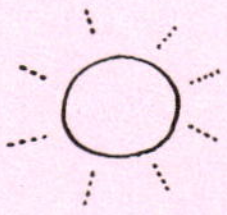

S s

die Schaufel
schenken
der Schinken
schlafen
schläfrig
die Schlinge
der Schlitten
der Schlüssel
schmei-
cheln
die Schnecke
der Schnee
schnell

fahren
der Fahrer
das Fahrrad
die Falle
fallen
falsch
die Farbe
faul
die Faulheit
die Fee
fertig
das Feuer
fies
der Fingerhut
der Fink
der Fisch
der Fleck
fleißig
die Fliege
fliegen
fliehen
flink
das Floß
das Flugzeug
der Fluss
flüssig

die Flüssig-
keit
fressen
die Freunde
freundlich
frieren
früh
der Frühling
der Fuchs
der Fuß
flüstern

Gg

die Gans
der Garten
geben
gehen
gelb
das Geschenk
das Gespenst
gestern
gießen
die Giraffe
das Gnu
der Goldfisch
der Gorilla
graben

das Gras
der Grieß
grob
groß
grüßen
gucken

Hh

das Haar
haben
der Hahn
der Hammer
der Hamster
die Hand
der Hase
das Haus
die Hecke
das Heft
heiß
der Helm
das Heu
heute
die Hexe
der Himmel
hinter
der Hirsch
die Hitze

hoch
holen
der Honig
die Hose
der Hund
der Hunger
der Hut

Ii

der Igel
der Imker
ist

Kk

der Kaffee
das Kalb
das Kamel
das Kanin-
chen
kauen
kaufen
die Kette
die Kinder
die Kirche
die Klasse
das Kleid
klettern

Wörterliste

Aa

der Aal
der Abend
der Affe
der Ahorn
das Alphabet
als
alle
die Ameise
die Amsel
die Ananas
angeln
die Angelrute
anmutig
der Anspitzer
anständig
die Anstän-
digkeit
anstren-
gend
der Apfel
die Apotheke
der Arm
der Arzt
das Auge
aus
das Auto

auch
aufmerk-
sam
die Aufmerk-
samkeit
ausge-
schlafen

Bb

der Bach
der Bäcker
baden
der Bagger
die Bahn
der Ball
die Banane
der Bär
der Bauch
bauen
der Bauer
der Baum
das Bein
beißen
das Bett
die Beule
die Biene
das Bild

die Birne
blühen
die Blume
der Boden
das Boot
das Brett
die Brille
bringen
das Brot
die Brücke
brüllen
das Buch
der Bücher-
wurm
die Butter

Cc

der Clown

Dd

das Dach
der Dackel
dampfen
danken
der Deckel
der Dieb

Ee

ehrlich
die Ehrlich-
keit
die Eier
eigenartig
eilen
der Eimer
einfach
die Einfach-
heit
die Einladung
einsam
die Einsam-
keit
das Eis
der Elefant
elend
die Ente
die Erde
der Esel
die Eule

Ff
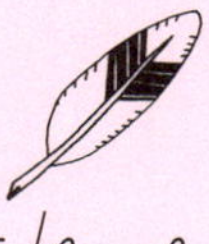
die Fabrik
fahrbereit
die Fähre